Jürgen Hargens

Systemische Therapie ... und gut

Ein Lehrstück mit Hägar

Jürgen Hargens

Systemische Therapie
... und gut

Ein Lehrstück mit Hägar

verlag modernes lernen - Dortmund

© 2003 by SolArgent Media AG, Basel

Veröffentlicht in der Edition:
verlag modernes lernen · Schleefstraße 14 · D-44287 Dortmund

3., unveränd. Aufl. 2006
Gesamtherstellung: Löer Druck GmbH, Dortmund

Titelbild und Illustrationen: © 2003 KFS/Distr. Bulls (Dik und Chris Browne)

Bestell-Nr. 4323 ISBN 978-3-8080-0537-8

Inhalt

Wie dieses Buch entstand

Die Idee zu diesem Buch entstand zu unterschiedlichen Zeiten und an unterschiedlichen Orten. Angefangen hat alles – zumindest in meiner Erinnerung – an einem ungewöhnlichen Ort, der eher ganz gewöhnlich ist – einem Badezimmer. Während einer Fortbildung für VerhaltenstherapeutInnen wohnte ich bei einer Kollegin, in deren Badezimmer ein dicker Band von *Hägar* stand, gewissermaßen als Beschäftigungsangebot, wenn man anderen Beschäftigungen nachgeht. Was tut „man" nicht alles während eines solchen Badezimmer-Aufenthaltes, z.B. Comics lesen. Ich fand *Hägar* irgendwie lustig, ohne zu ahnen, welche Auswirkungen das alles haben könnte.

Da die Fortbildung zwei Tage dauerte, benutzte ich das Bad des Öfteren – und las des Öfteren im *Hägar*-Band, denn der war schließlich ziemlich umfangreich. Dabei hatte es mir dann irgendwann ein Comic angetan, den wir für uns mit dem Titel *Der Kunde hat immer recht* (s. S. 23) versahen. Den zeigte ich meinem Kollegen Uwe GRAU (damals noch an der Universität Kiel, heute schon einige Jahre im wohl verdienten Ruhestand), und wir zeigten diesen Comic – gleichsam als didaktische Veranschaulichung – in dieser gemeinsamen Fortbildung und die TeilnehmerInnen waren erfreut und schienen diese Illustration zu genießen.

Und mit meinem Kollegen Armin ALBERS (Niebüll) nutzten wir diesen *Hägar* gelegentlich, um bei Fortbildungen für einen landesweiten Träger von beruflichen Qualifizierungsmaßnahmen für Jugendliche diesen Aspekt *systemischen Arbeitens* „merkbarer" zu pointieren.

Die Reaktion der FortbildungsteilnehmerInnen schien mir immer dieselbe – Begeisterung und spontanes Verstehen dessen, was wir ihnen mit diesem Bild vermitteln wollten (natürlich war mir theoretisch klar, dass es zielgerichtete Beeinflussung nach der Theorie nicht geben konnte – dennoch war dieser *Hägar* überaus hilfreich).

Ich weiß nicht, ob es ein weiterer Besuch bei der Kollegin war oder einfach eine andere Begegnung – auf jeden Fall traf ich *Hägar* wieder – und jetzt betrachtete ich unsere Begegnung mit ganz anderen Augen, und so leitete er mich dabei zu erkennen, welche therapeutischen Fähigkeiten er im Alltag nicht nur besaß, sondern auch einsetzte.

So nahm der Grad meiner Begeisterung an *Hägar* zu, und immer wenn ich den erwähnten Cartoon zeigte, blieb die spontane Begeisterung der TeilnehmerInnen dieselbe. Als in Rückmelderunden des Öfteren ein Satz fiel wie: „*Hägar* werde ich nie vergessen. Den sehe ich jetzt mit ganz anderen Augen" war es schon zu spät. *Hägar* ist zu (m)einem Partner geworden. Ich habe mir eine ganze Sammlung der vielen Hägar-Bücher zugelegt und was lag näher, als sich zu überlegen, wie ich ihn einem breiteren Publikum vorstellen könnte – als Meister in der Anwendung und Klärung systemischer Ideen (neben vielem anderen, was *Hägar* auch noch beherrscht).

Mittlerweile schicken mir TeilnehmerInnen *Hägar*-Comics, die ihnen aufgefallen sind. Das höchste Lob für eine Fortbildung erhielt ich von einem Kollegen, der im Laufe einer Fortbildungswoche sagte, wenn der Kurs gut sei, würde er mir zehn *Hägar*s schicken – am Ende sagte er, ich würde fünfzehn erhalten!

So scheint es beinahe unvermeidlich, diesen *Hägar* einem breiteren Publikum vorzustellen – als Kenner der systemischen Theorie, als Experte der systemischen Praxis und als Mensch, der weiß, wie er dieses Wissen auch in seinem Alltag anwenden und nutzen kann. Ich freue mich, Ihnen *Hägar* auf diese Weise vorstellen zu dürfen und hoffe natürlich, dass es ihm gelingen wird, Sie mit seiner Lebensfreude und seiner Einsicht und seinen Beziehungsfähigkeiten „anzustecken" und Spaß zu haben.

Danksagung

Dieses Buch schuldet vielen etwas – so vielen, dass ich hier gar nicht alle aufzählen kann. Insbesondere danke ich „meinen" KundInnen in Therapie, Supervision und Fortbildung, die mir immer wieder gezeigt haben, dass sie meine Ausflüge ins Land der Wikinger, in die Abenteuer von *Hägar* und den Seinen schätzen und würdigen. Ohne ihre unendliche Geduld, Bereitschaft und Freude hätte ich mich nie daran gemacht, dieses Buch zu schreiben. Diesen Ungenannten gebührt mein großer Dank.

Beim Schreiben selber war ich auf fortlaufende Rückmeldungen und Unterstützung angewiesen – denn ich zweifelte oft daran, ob und wie ich dieses Buch überhaupt schreiben könnte und sollte. Besonders ansteckend und hilfreich war die Begeisterung meines Kollegen Armin ALBERS, der mich auf viele Cartoons aufmerksam machte, der aber leider nicht die Zeit fand, sich an diesem Buch zu beteiligen.

Anerkennende und aufmunternde Worte, Anrufe und Briefe anderer KollegInnen und FreundInnen haben mich immer wieder angeregt, weiter zu machen. Deshalb danke ich (in alphabetischer Reihenfolge) Brigitte BALKE-SCHMIDT, Uwe GRAU, Sigrid und Ralf LEYENDECKER, Wolfgang LOTH, Gerda MEHTA, Hermann und Mona MEIDINGER, Arist VON SCHLIPPE sowie den beiden HerausgeberInnen des *Australian and New Zealand Journal of Family Therapy*, Hugh und Maureen CRAGO, die meine Freude an *Hägar* – sogar in fremder Sprache – teilten.

Beim Schreiben dieses Buch lieh Uwe GRAU mir ein Exemplar eines überaus ungewöhnlichen Buches, das mich weiter ermunterte, denn es zeigte mir sehr deutlich, wie groß die *Hägar*-Fan-Gemeinde im therapeutischen Bereich ist. Peter MALONE von down under, aus Australien also, veröffentlichte 1996 das Buch *Let a Viking Do It. Hagar And Family Illustrate the Myers-Briggs Type Indicator*. Das half auch, die internationalen Verbindungen zu den CRAGOS aufrecht zu erhalten.

Wie international *Hägar* tatsächlich auch bei uns ist, zeigt exemplarisch der Band *Hägar the Horrible: Save Our Souls* mit dem Untertitel *The Original English Version*, erschienen bereits im Jahre 1987 – in Deutschland und in einem deutschen Verlag!

Zu diesem Buch

Ich habe dieses Buch geschrieben, um auch andere an meiner Freude teilhaben zu lassen – meiner Freude darüber, mit einem so kompetenten Kollegen wie *Hägar* zusammenarbeiten zu können, der mit einer gewissen Leichtigkeit auch größte Klippen umschifft, ohne dabei die Klippen (Schwierigkeiten und Probleme) zu leugnen, weg- oder schönzureden. In diesem Sinne hoffe ich, dass das Buch Ihnen ein wenig dieser Freude vermitteln kann – Ihnen, den Fachleuten wie den interessierten Laien gleichermaßen.

Auch wenn sich dieses Buch mit Psychotherapie befasst – mit systemischer Psychotherapie – so möchte ich nicht noch eine weitere Einführung in systemisches Arbeiten geben, sondern Sie, die LeserInnen, anregen, aus vielfältigen Perspektiven das zu betrachten, was Sie, wenn Sie zu den Fachleuten gehören, in Ihrem therapeutischen Alltag tun, bzw. Ihre Neugier über das, was Fachleute tun, zu stillen. Dabei sind mir einige Aspekte bedeutsam geworden, die ich hier – gleichsam als Rahmen (oder Kontext) – benennen möchte, denn diese Aspekte bestimmen bzw. rahmen das, was Sie im Folgenden lesen werden. Auch ohne diese Rahmen kann Ihnen, so hoffe ich jedenfalls, dieses Buch Möglichkeiten bieten, über Ihr Tun als Fachmann – sei es in Form der professionellen PsychotherapeutIn oder in Form der KlientIn (ich spreche, dazu gleich, eher von: KundIn) – nachzudenken, es aus anderen Perspektiven zu betrachten und damit – vielleicht – ein wenig spielerischer umzugehen.

Meine Auffassung von Psychotherapie (HARGENS 1993, 1998, 2004) – denn diese bildet den Hintergrund aller folgenden Kapitel – fasse ich in Kurzform so zusammen:

Therapie verstehe ich als eine Begegnung zweier ExpertInnen – der ExpertIn für therapeutische Professionalität und der ExpertIn für das eigene Leben. Ich verwende dafür den Begriff der *Kundigkeit*: die KlientInnen sind kundig für das, was sie erreichen möchten, und sie nutzen dazu die von mir angebotene Dienstleistung Therapie. Als Therapeut bin ich kundig für das Anbieten des Service Therapie und für das Aufrechterhalten eines fachlich-professionellen Rahmens. Die daraus resultierende Vielfalt versuche ich im Sinne eines Aufspürens von Ressourcen und Kompetenzen zu nutzen, ohne – und das ist mir sehr wichtig – damit das Leiden der KundInnen herunterzuspielen.

Das, denke ich, sollte als Einführung reichen. Es gibt aber noch einen weiteren, wichtigen Aspekt, der damit verknüpft ist: ich habe mich bemüht, das „Lesen zwischen den Zeilen", das „die Gedanken anderer lesen" usf. aufzugeben. Keine ganz leichte Aufgabe nach einem Psychologie-Studium und nach einer Ausbildung zum „Therapie-Experten" – allerdings hilfreich im therapeutischen Alltag, wenn ich „so" arbeite, wie ich es Ihnen hier vorstellen möchte.

Genug geredet ...

Eine Einleitung als Vorstellung als Geschichte

Da ich seit Jahren gewohnt war, Therapie, Supervision oder Fortbildungen zu zweit zu praktizieren, fiel es mir nicht leicht, aufgrund verschiedener äußerer Umstände auf den oder die „Ko" zu verzichten. Aber „wie im richtigen Leben" gab es finanzielle Engpässe, Krankheiten, Unabkömmlichkeiten oder einfach widrige Umstände – „bad luck", wie die Amerikaner sagen würden. Und so sah ich mich dann allein arbeiten. Dabei zeigte sich im Laufe der Zeit ein interessantes Phänomen – *Geschichten*.

Geschichten sind im Bereich der Psychotherapie und Heilkunde nichts Neues. In den sogenannten alten Zeiten gab es HeilerInnen wie GeschichtenerzählerInnen und Heilungs*rituale* zeichneten sich u.a. auch dadurch aus, dass „gesprochen" wurde – beschwört, angerufen, erzählt, erbittet und erbeten. In neuerer Zeit heißt es, dass Psychotherapie eine besondere Art der Konversation sei, und die Geschichten des ungewöhnlichen Hypnotherapeuten Milton ERICKSON (O'HANLON & HEXUM 1994, ZEIG (ed) 1994) sind Legion und Anlass zu immer neuem Erstaunen.

Mir selber fiel auf, dass mir in bestimmten Situationen, in Therapie, Supervision und Fortbildung des Öfteren Geschichten von *Hägar* in den Sinn kamen, die in meinen Augen die gegebene Situation oder Fragestellung pointiert und präzise beschrieben. Also begann ich „*Hägar* zu erzählen" und mir vorzunehmen, einen neuen „Ko" zu erschaffen: *Hägar*.

So erzähle ich heute auf Fortbildungen, dass ich es gewohnt sei, zu zweit zu arbeiten und dass ich deshalb meinen „Ko" mitgebracht habe – *Hägar*, den Wikinger, der ebenso wie ich aus dem Norden stammt[1]. Das ist die eine Geschichte, die ich in diesem Buch ein wenig ausführlicher vorstellen will – ich

---

[1] Was so natürlich nicht ganz stimmt, denn *Hägar*s Geburtshelfer, Dik BROWNE, stammt meines Wissen aus den USA

möchte Sie, die Leser und Leserinnen, mit *Hägars* Kunst und Fertigkeiten vertrauter machen, Ihnen zeigen, welche Kunstfertigkeit *Hägar* besitzt, selbst hochkomplizierte und im Grunde nur schwer vermittelbare Sachverhalte „auf den Punkt" zu bringen.

Doch bevor ich damit beginne, möchte ich Ihnen eine etwas andere Geschichte erzählen, die für mich den Rahmen beschreibt, wie ich systemische Therapie sehe, welches für mich wichtige und wesentliche Elemente dieses Ansatzes sind – eben auch eine Geschichte, die Paul MAAR geschrieben hat[2]:

Die Geschichte vom bösen Hänsel, der bösen Gretel und der Hexe

Es waren einmal ein Hund und ein Löwe, die sich gegenseitig Geschichten erzählten. Eines Tages war der Löwe mit dem Erzählen dran und fing an:

Es war einmal eine alte Hexe, die hatte ihr ganzes Leben lang gearbeitet, hatte gezaubert vom frühen Morgen bis zum späten Abend, hatte gehext und Zaubersprüche aufgesagt jeden Tag und war nun in das Alter gekommen, wo ihre Zauberkraft nachließ und ihre Kräfte langsam schwanden.

Sie wurde aber nicht böse und giftig darüber wie andere Hexen, wenn sie so alt werden, sondern sagte sich: „Mit meiner Zauberkraft geht es zu Ende. Da will ich mir eine andere Beschäftigung suchen, damit ich nicht faulenzen muss und auf trübe Gedanken komme. Ich werde mein Haus zum schönsten Hexenhaus weit und breit machen!"

Und schon am nächsten Tag begann sie, ihr Häuschen aufs wunderlichste zu schmücken. Auf die Dachziegel legte sie Lebkuchen, die Wände verkleidete sie mit Brot und Kuchen, verziert mit Mandeln und Nüssen, ihre Glasfenster hängte sie aus und hängte neue ein, ganz aus weißem Zucker.

Das dauerte viele Wochen; jeden Tag musste die alte Frau in der Küche stehen und backen. Aber sie arbeitete unermüdlich, und endlich war das Häuschen fertig.

Da war die Hexe stolz auf ihr Haus! Jeden Abend saß sie auf der Bank neben der Haustür, betrachtete die bunten Mauern,

---

[2]   Abdruck mit freundlicher Genehmigung des Verlages aus: *Paul Maar, Der tätowierte Hund.* © Verlag Friedrich Oetinger. Alle Rechte vorbehalten.

hexte mit ihrer versiegenden Zauberkraft mühsam noch einen roten Zuckerguss auf einen Kuchen oder verzierte einen Lebkuchen mit einer Nuss, wischte Staub und rieb die Zukkerscheiben glänzend.

Und wenn irgendein Tier an ihrem Haus vorbeikam, stehenblieb und schließlich sagte: „So ein schönes Haus habe ich noch nie gesehen", wurde sie grün vor Stolz.

Eines Tages stand die Hexe gerade vor ihrem Backofen und wollte einen Lebkuchen backen, weil der Wind in der Nacht einen vom Dach geweht hatte. Da war es ihr, als knuspere draußen jemand an ihrem schönen Haus und breche ganze Stücke ab. Ängstlich rief sie:

„Knusper, knusper, kneuschen.
Wer knuspert an meinem Häuschen?"

Von draußen antwortete ein dünnes Stimmchen:

„Der Wind, der Wind,
das himmlische Kind!"

„Da bin ich beruhigt", seufzte die Hexe erleichtert. „Es ist nur der Wind, der da draußen lärmt. Und ich hatte schon Angst, jemand wolle mein Häuschen zerstören."

Wie sie das gerade sagte, zersprang ihre schönste Fensterscheibe, an der sie drei Wochen gearbeitet hatte, ein Mädchen griff nach den Splittern und aß sie auf!

Mühsam humpelte die Hexe nach draußen, um zu sehen, wer der Störenfried sei.

Vor dem Haus standen zwei Kinder, das Mädchen und außerdem ein Junge, rissen die Dachziegel herunter, um sie aufzuessen, zerbrachen die Wand und zersplitterten die weißen Zuckerfenster.

Da war die Hexe traurig und wütend zugleich

„Wer seid ihr?" fragte sie. „Und warum zerstört ihr mein liebes Haus, an dem ich so lange gebaut habe?"

Die Kinder antworteten, sie hießen Hänsel und Gretel und hätten aus Hunger von dem Haus gegessen.

„Warum habt ihr aber gelogen und gesagt, ihr wäret der Wind?" forschte die Alte weiter. „Hättet ihr an meine Tür geklopft und um Essen gebeten, so hätte ich es euch nicht verwehrt!"

Da blickten die beiden Kinder beschämt zu Boden.

Aber weil sie der alten Hexe trotz allem leid taten, sagte sie: „Kommt nur herein und bleibt bei mir, es geschieht euch kein Leid!" Und sie fasste beide an der Hand und führte sie in ihr Häuschen. Da ward gutes Essen aufgetragen, Milch und Pfannkuchen mit Zucker und Äpfel und Nüsse. Hernach wurden zwei schöne Bettlein weiß gedeckt, und Hänsel und Gretel legten sich hinein und meinten, sie wären im Himmel.

Als sie so friedlich schliefen, betrachtete die Hexe sie und sagte: „Sie waren sehr böse zu mir, haben gelogen und mein schönes Häuslein zerstört. Aber vielleicht sind sie nicht ganz verderbt. Ich will sie dabehalten, ihnen zu essen geben und versuchen, sie zu bessern."

Am nächsten Morgen gab sie den beiden eine leichte Arbeit zu tun und rührte dann einen Teig an, denn sie wollte den Schaden an ihrem Haus wieder ausbessern. Aber Hänsel, der naschhaft war und dem die süßen Lebkuchen auf dem Dach besser schienen als das Frühstück auf dem Tisch, ging hinaus und begann leise vom Haus zu essen.

Als das die Hexe merkte, wurde sie sehr zornig. „Ich habe dich nicht bestraft für deine Lügen und deine bösen Taten, sondern dir und deiner Schwester sogar zu essen und ein Bett zum Schlafen gegeben!" schalt sie. „Und du ungezogenes Kind lohnst es mir, indem du den Schaden an meinem Haus noch ärger machst!" Und zur Strafe und damit er nicht noch mehr Unheil anrichten konnte, sperrte sie ihn in einen Stall neben dem Haus.

Damit er es aber gut hatte in seinem Gefängnis und nicht zu hungern brauchte, fragte sie ihn oft durch das Gitter: „Bist du auch satt, bekommst du genügend zu essen? Streck deinen Finger heraus!"

Hänsel hatte sehr viel zu essen bekommen, aber da er sehr gefräßig war, täuschte er die alte Frau, die schon nicht mehr richtig sehen konnte, durch eine arge List, um noch mehr zu erhalten: Er streckte ein abgenagtes Knöchlein durch das Gitter und sagte mit kläglicher Stimme: „Meine Schwester gibt mir zu wenig Mahlzeiten, ich bin schon ganz schön mager."

Die Alte betastete das Knöchlein und sagte: „Fürwahr, er ist ganz mager! Gretel, er muss mehr zu essen bekommen!"

Die Gretel aber, die ein faules Mädchen war, maulte und sagte, sie könne nicht kochen.

„Dann musst du eben backen!" rief die Hexe und heizte den Backofen an, um für den Hänsel eigens ein großes Brot zu backen. Als sie aber das Feuer angeschürt hatte und gerade nachsehen wollte, ob recht eingeheizt sei, da gab ihr die arglistige Gretel von hinten einen Stoß, dass die Hexe weit hineinfuhr, machte die eiserne Tür zu, schob den Riegel vor, und die arme Alte musste elendiglich verbrennen.

Dann befreite das böse Mädchen ihren Hänsel aus dem Stall, wo er seine Strafe absitzen sollte, und sie durchwühlten gemeinsam das ganze Hexenhaus.

In einer Ecke hatte die Hexe eine Kiste mit Perlen und Edelsteinen stehen, die ein Erbstück von ihrem Vater war, einem großen Hexenmeister. Die raubten die beiden Kinder, stopften sich die Taschen voll mit Schmuck und Geschmeide und liefen schnell aus dem Wald.

„Und weißt du, was sie hinterher den Leuten erzählten?" fragte der Löwe den Hund.

„Was denn?" fragte der mit großen Augen.

„Sie haben doch wahrhaftig behauptet, die Hexe hätte sie aufessen wollen! Diese bösen Kinder!"

„Ich muss sagen", entgegnete der Hund, „ich habe die Geschichte nicht so erzählt bekommen. Da hörte sich alles ganz anders an, obwohl eigentlich das gleiche geschah!"

„Aha!" machte der Löwe. „Da sieht man es wieder: Leute glauben viel lieber die Unwahrheit als die Wahrheit und erzählen dann ohne schlechtes Gewissen Lügengeschichten weiter! Denn die Geschichte hat sich so zugetragen, wie ich sie dir mitgeteilt habe, das weiß ich von jener Hexe, die sie mir anvertraut hat."

„Wenn das so ist", überlegte der Hund, „dann möchte ich gerne einmal 'Rotkäppchen' von einem Wolf erzählt bekommen!"

Diese Geschichte enthält für mich alle Zutaten der systemischen, der konstruktivistischen und der konstruktionistischen Ideen. Und, was ich nicht vergessen möchte zu erwähnen, ich habe inzwischen auch die Geschichte vom *Rotkäppchen* von einem Wolf erzählt bekommen.

Ein Wort der *Vor-Sicht*: Geschichten *„anders"* zu erzählen, heißt für mich immer, etwas zu einer bekannten Geschichte *hinzu zu fügen, zu ergänzen.* Es heißt für mich *niemals*, eine andere und wahre Geschichte *dagegen* zu stellen. Das ist für mich eine der wichtigen Erkenntnisse einer anderen Form des therapeutischen Arbeitens: es geht nicht (mehr) um die Suche nach dem Richtigen – in Form von Diagnose, Anamnese, Defizit, Kompetenz, Können, Ressourcen –, es geht vielmehr darum, *Ergänzungen und Erweiterungen hinzu zu fügen* – in Form von anderen Geschichten, Möglichkeiten, Erklärungen. Vereinfacht gesagt: weg vom *entweder-oder* und hin zum *sowohl-als-auch* (ANDERSEN 1990).

Das hat auch *Hägar* in seiner unnachahmlichen Art verdeutlicht:

Doch genug der Vor-Stellungen, jetzt geht es zunächst in die Theorie, um dann praktische Konsequenzen zu behandeln – und wer könnte das treffender als *Hägar*?

Das erste Mal ...

... Erkenntnistheorie

Systemische Therapie hat nicht nur theoretische Grundlagen, sie hat sich in der letzten Dekade auch in verschiedene Richtungen und Ansätze aufgesplittert – Mailänder Ansatz, MRI-Ansatz, Problem-Löse-Ansatz, Lösungsorientierte Kurztherapie, narrative Therapie, um einige zu nennen (JONES 1995, v. SCHLIPPE & SCHWEITZER 1996). Das macht den Durchblick nicht immer ganz einfach, hat aber dennoch (oder gerade deswegen) viel bewegt, indem lieb gewordene und lieb gewonnene Annahmen immer wieder – und immer nachhaltiger – in Frage gestellt wurden und werden.

Konstruktivistische Erkenntnistheorien – die Idee, dass die Welt, die wir leben, gleichsam unsere Erfindung sei – spielen hier ein herausragende Rolle. Es geht um die Idee, dass wir die Welt nie direkt und unmittelbar erleben, sondern immer nur vermittelt über unsere Sinnesorgane und Nervenzellen – das, was als „Bild der Welt" aus solchen Impulsen entsteht, ist deshalb, so die konstruktivistische Erkenntnistheorie, immer nur unser eigenes Abbild, und nie die „Welt als solche". Damit aber geht die Idee verloren, wir könnten, die „Wahrheit" über die Welt herausfinden – Wahrheit gilt daher immer als das, was wir als Wahrheit betrachten (WATZLAWICK 1981). Die Idee der Objektivität ist damit auch dahin.[3] Und das hat Konsequenzen.

Zunächst einmal fällt es nicht leicht, die Idee aufzugeben, die Welt – so wie sie ist – erkennen zu können. Haben nicht immer Gelehrte, Philosophen, Wissenschaftler, Forscher, um nur ei-

---

[3] KEENEY (1987, S. 100) bringt dazu folgendes Zitat von Heinz VON FOERSTER: „Syntaktisch und semantisch ist es durchaus richtig zu sagen, subjektive Aussagen würden von Subjekten gemacht. In Analogie dazu könnten wir sagen, objektive Aussagen würden von Objekten gemacht. Es ist leider nur zu dumm, dass diese verdammten Dinger keine Aussagen machen."

nige zu nennen, versucht, der Wahrheit näher zu kommen? Und hat das zunehmende Wissen nicht dazu geführt, dass wir tatsächlich immer mehr wissen?

Ja und nein, sagen Konstruktivisten. Natürlich verfügen wir über „Wissen". *Wissen unterscheidet sich nach diesem Verständnis aber von Wahrheit.* Es geht vielmehr um den Nutzen, die Nützlichkeit, das Passen – und eben nicht darum, ob das, was wir als Wissen bezeichnen, mit der Wirklichkeit übereinstimmt.

Dazu zwei Beispiele:

> Ein Schloss können wir mit dem „passenden Schlüssel" öffnen. Wir können aber auch einen Dietrich – oder jedes andere Werkzeug – benutzen. Wenn es darum geht, das Schloss zu öffnen, tut es jedes Werkzeug genauso gut wie der passende Schlüssel. Maßstab des „Passens" ist der „angestrebte Erfolg" – das Ziel, das wir erreichen wollen: das Schloss zu öffnen. Dazu müssen Schloss und Schlüssel nicht „übereinstimmen", es reicht, wenn das Werkzeug zum Ziel „passt".
>
> In unserem Alltag verfahren wir in der Regel nach diesem Prinzip: das, was den gewünschten Erfolg nach sich zieht, gilt nicht nur als „passend", sondern zumeist auch als „wahr".
>
> Ein zweites Beispiel: Natürlich – natürlich? – bedeutet diese Idee nicht, dass wir uns unsere Wirklichkeiten und Wahrheiten beliebig aussuchen und konstruieren können. Wenn ich beispielsweise die Wand meines Hauses, in dem ich hier wohne, als durchlässig konstruiere, werde ich mir bei dem Versuch, durch sie hindurchzugehen, eine dicke Beule holen (wenn nicht Schlimmeres). In einigen Ländern Asiens, z.B. in Japan, würde mir das nicht in jedem Fall passieren, denn dort – so wird berichtet – soll es Häuser geben, deren Wände aus Papier bestehen.
>
> Das führt zu einem wichtigen Punkt – die Erkenntnis: das Wissen, über das wir verfügen, bezieht sich auf einen bestimmten *Kontext* – Raum, Zeit, Ort, Umstände – und gilt in diesem Rahmen.

Was bedeutet das für „Therapie" oder für systemische Therapie? Nun, zunächst einmal, dass jeder, der an einem therapeutischen Treffen teilnimmt, eine eigene Wahrheit besitzt, die ebenso gültig ist wie jede andere! Wahrheiten in diesem Sinne sind nicht *gleichgültig*, sondern sie sind *gleich gültig*.

Lassen wir *Hägar* zu Wort kommen, der die Konsequenzen sehr unmissverständlich verdeutlicht:

Diese Situation ist jedem Therapeuten und jeder Therapeutin geläufig – unterschiedliche Auffassungen darüber, was stimmt, was richtig ist, was das Beste ist usf. Konstruktivistische Modelle – so wie *Hägar* sie hier unnachahmlich vorstellt – verweisen darauf, dass es wohl weniger um „richtig oder falsch" geht, als vielmehr darum, „unterschiedliche Wirklichkeiten" zu nutzen und den „Unterschied arbeiten zu lassen" (DURRANT 1996).

Eine andere Beschreibung dieser Idee wäre die, dass es so etwas wie *Widerstand* nicht geben kann – Widerstand wäre nach diesem Verständnis nichts anderes als der Versuch, eine einzige (richtige!) Auffassung durchzusetzen. „Der Tod des Widerstands" ist ein bekannter Aufsatz, der bereits 1984 veröffentlicht wurde (DE SHAZER 1984).

Ein Wort der *Vor-Sicht*: wenn hier vom „Tod des Widerstands" die Rede ist, beziehe ich mich ausschließlich auf die therapeutische Begegnung. Widerstand etwa gegen gesellschaftliche Verhältnisse, z.B. zur Zeit des Nationalsozialismus, ist hier nicht gemeint. Der Kontext, der Rahmen, auf den sich die Aussage bezieht, ist bedeutsam (LOTH 1998).

Lassen wir noch einmal *Hägar* zu Wort kommen, der in seiner unnachahmlichen Art den Unterschied zwischen Wahrheit und Wahrheiten verdeutlicht:

Soweit entspricht dies der eher landläufigen Vorstellung von Wahrheit und Wissen. Doch *Hägar*, ein echter nordischer Konstruktivist, macht klar:

Und das erscheint mir als der entscheidende Unterschied, der sich auswirkt – es gibt viele Möglichkeiten, Wirklichkeit**en** zu beschreiben. Und jede Beschreibung stimmt für denjenigen, der sie anfertigt. Die Frage, die mir dann in den Sinn kommt, wäre: „Ah ja – und was bringt Sie auf die Idee, das gerade so zu sehen?"

Anerkennen der Unterschiede im Sinne von *respektieren* – anerkennen, dass unterschiedliche Beschreibungen alle *gleich gültig* (zwei Wörter!) sind, wenn auch nicht unbedingt gleich *wünschenswert*. Und damit nähern wir uns einem weiteren, mir wichtig erscheinenden Aspekt:

Als Menschen sind wir – so sehe ich es – eingebunden in soziales Miteinander, so dass die unterschiedlichen Konstruktionen von Wirklichkeiten sich darauf auswirken: das Beharren auf eigenen, *anderen* Konstruktionen hat soziale Auswirkungen. Ich denke, es macht einen Unterschied, ob ich von einem Menschen sage, er sei ein „Mensch" oder ein „Hase". Meine Auffassung mag für mich stimmen, wird sich aber auf das soziale Miteinander auswirken. Deshalb an dieser Stelle ein Wort zu den sogenannten *Tatsachen*. Tatsache enthält im Wortstamm den Begriff *tun*, also ist immer mit der Handlungskomponente verbunden – und nicht mit einer supra-menschlichen Wahrheitsidee. Der lateinische Begriff *Faktum* macht dies noch klarer: *facere* heißt: tun, machen, herstellen.

Auch dies hat *Hägar* unnachahmlich klargestellt:

Dies verweist zugleich auf einen weiteren, für mich wesentlichen Aspekt dieser Art zu arbeiten. Es geht eben nicht nur darum, gleichsam theorie-konsistent zu bleiben – gerade das letzte Beispiel macht deutlich, dass wir eingebunden sind in soziale Umwelten, in ein soziales Miteinander und dass dieses Miteinander unsere Wahrnehmung[4] beeinflusst und sich auf unser Handeln auswirkt. In diesem Sinne stellt *wahr-nehmen* immer auch einen sozialen Prozess dar. Das Subjekt der Wahrnehmung bleibt in seiner Wahrheit enthalten.

---

[4] Der Begriff Wahrnehmung setzt sich aus zwei Wortstämmen zusammen *wahr* und *nehmen*. Anders gesagt, das, was wir wahrnehmen, nehmen wir wahr – es handelt sich daher in meinen Augen immer um ein aktives Handeln und Gestalten, und nicht um ein passives Aufnehmen und Übernehmen. Das, was bei der Wahr-nehmung am Ende herauskommt, bzw. hergestellt wird, bleibt deshalb im Wesentlichen immer ein *Prozess der subjektiven Wirklichkeits- und damit auch Wahrheitsgestaltung*. Damit aber beeinflusst *meine* Wahrheit mein Handeln im sozialen Feld und Wahrheit hat daher immer auch Auswirkungen auf das soziale Miteinander. Wahrnehmung und Wahrheit bleiben in diesem Sinne immer eine gemeinsame Konstruktion im sozialen Feld.

Dazu wieder zwei kleine Geschichten:

Ein reicher texanischer Millionär – oder war's ein Milliardär? – wollte seine Frau zum Geburtstag überraschen und „bestellte" bei PICASSO ein Porträt von ihr. Der Künstler überbrachte dem Auftraggeber das Werk selbst, und der reagierte mit eisigem Schweigen, man könnte auch sagen: mit leichtem Entsetzen – es war ein „typischer Picasso". Der Texaner meinte, wobei er nur mühsam seine Selbstbeherrschung und seine Sprache wiederfand: „So sieht meine Frau aber nun wirklich nicht aus!" „Wie denn?" fragte PICASSO und der Texaner suchte in seiner Brieftasche nach einem Foto, das er PICASSO überreichte. Der drehte und wendete das Bild nach allen Seiten, um dann – mit leichtem Erstaunen – zu erwidern: „So platt?"[5]

Auch *Hägar* philosophiert über die großen Fragen des Lebens – oft mit *Sven Glückspilz* – und eine dieser Fragen betrifft etwas, was auch in systemischen Kreisen immer wieder gefragt wird:

Wieso, fragt der geneigte Leser und die geneigte Leserin, ist Sven sich so sicher? Nun ja, er weiß eben etwas über die *subjektive Natur jeder Erkenntnis*:

Damit habe ich die für mich wichtigen philosophischen Grundfragen ausreichend erörtert. Was bleibt, sind für mich Fragen, welche Auswirkungen diese Ideen auf meine Art, Therapie zu begreifen und zu praktizieren, haben.

Von PatientInnen, KlientInnen und KundInnen

oder: Bitte die ExpertInnen (be-)achten!

Die hier kurz und knapp oder *einfach kurz und gut* (EBERLING & HARGENS 1996, HARGENS & EBERLING 2000) vorgestellten Überlegungen wirken sich auf das Menschenbild aus, also auf das Verständnis dessen, was eine ExpertIn ausmacht. Alle am Therapieprozess beteiligten Personen sind nach meinem hier vorgestellten Verständnis ExpertInnen – ExpertInnen für durchaus unterschiedliche Bereiche, so dass es sinnvoll und nützlich erscheint, dieses hier versammelte Know-How zu nutzen oder, wie es in der Fachsprache heißt: zu *utilisieren*.

Für meine praktische Arbeit haben sich zwei Aspekte als besonders bedeutsam erwiesen: zum einen meine Einstellung zu bzw. Auffassung von „KundInnen": Verstehe ich sie als Menschen mit Störungen, Fehlern, Krankheiten, Dysfunktionen oder sehe ich sie als Menschen mit Kompetenzen, Möglichkeiten und Ressourcen? Die Antwort sollte nach meinen Ausführungen klar sein (zumindest soweit es mich betrifft): *sowohl – als auch*. Es kommt m.E. nun allerdings darauf an, wie ich das, was mein Gegenüber will, würdige, auch wenn es meinen Ideen und Vorstellungen zuwider läuft. Genau an diesem Punkt könnte sonst nämlich sehr leicht die Versuchung auftauchen, Etiketten wie „unmotiviert", „widerspenstig", „unwillig" etc. zu verwenden und mit ihnen zu operieren.

Hägar, ein Freund guten nordischen Essens und Trinkens, hat (verständlicherweise) immer wieder einmal Schwierigkeiten mit seinem Gewicht und eine von außen kommende ExpertIn könnte meinen, dass es für ihn gut wäre, abzunehmen. Es könnte hier darum gehen, sorgsam und respektvoll mit Etiketten und Zuschreibungen umzugehen und die Ideen des Kunden – *Hägars* – zu respektieren.

Natürlich (?) kann es immer wieder zu solchen Ratschlägen kommen, schließlich ist Vielen von uns die Erfahrung nicht fremd, jedes Frühjahr erneut etwas gegen drohendes oder sogar bestehendes Übergewicht zu tun. Nur sollten wir als Fachleute daran denken, wer die ExpertIn für das eigene Abnehmen, das eigene Wollen, das eigene Ziel ist:

Verstoße ich als therapeutische Fachkraft des Öfteren gegen eine solche Einsicht, indem ich die Expertise meiner Gegenüber zu wenig zu beachten scheine, dann kann das sehr klare – und geschäftsschädigende – Folgen haben:

In der Fachwelt liegt an genau diesem Punkt die Versuchung nahe, die KundIn als widerspenstig zu definieren, da sie nicht das tut, was – nach Ansicht der ExpertIn – das Beste für sie ist. Genau an dieser Stelle, so meine Meinung, neigen wir leicht dazu, der Versuchung zu erliegen, von „schwierigen KlientInnen" zu sprechen. Nach der hier vertretenen Auffassung zeichnen sich „schwierige KlientInnen" einfach dadurch aus, dass sie nicht erwartungsgemäß reagieren, also nicht so, wie die TherapeutIn es erwartet! Schon (f)liegen Etiketten wie Widerstand, fehlende Motivation etc. in der Luft. Doch wie gesagt, Widerstand (soweit er sich auf therapeutische Maßnahmen bezieht) dürfte als „verstorben"[6] gelten – und dennoch: auch Widerstand hat seinen Sinn und seinen Nutzen und seine Berechtigung – z.B. den, dass KundInnen ihre eigenen Ziele und Anliegen (auch gegen den Widerstand der Fachleute) betonen und zu ihnen stehen! Es kommt eben einfach auch darauf an, den Widerstand im entsprechenden Rahmen – *Kontext* – zu begreifen, denn dann macht er Sinn – und Widerstand verfliegt, denn wenn es sinnvoll ist, ein solches Verhalten zu zeigen, dann wäre es positiv zu bewerten und damit nicht länger Widerstand[7].

---

[6] Wird einmal die Geschichte dieser Form der Psychotherapie geschrieben, so dürften meiner Meinung nach in diesem Zusammenhang zwei Punkte von besonderem Interesse sein: zum einen würden die VerfasserInnen wohl kaum noch den Begriff *Psychotherapie* benutzen (vgl. EFRAN et al. 1992), zum anderen würden sie wahrscheinlich sogar ein klares Datum angeben können, an dem Widerstand nicht nur *ver*storben, sondern sogar *aus*gestorben ist.

[7] Erweitere ich den kontextuellen Rahmen, dann könnte ich auch zu der Idee kommen, es wäre u.U. nützlich, Widerstand zu zeigen – als Ausdruck unterschiedlicher Zielvorstellungen. In diesem Sinne wäre Widerstand Ausdruck des Selbstbewusstseins der KundIn – zu solchen möglichen *Umdeutungen* komme ich später noch eingehender.

Alle diese Einzelheiten und Einzelaspekte finden sich für mich in der Idee des *Wertschätzens* und *Respektierens* wieder, die für mich einen, wenn nicht den zentralen Aspekt dieser Art des therapeutischen Arbeitens darstellen. Es geht nach meinem Verständnis eben *nicht* darum, Probleme, Schwierigkeiten und das subjektive Leid(en) einfach umzudeuten, gleichsam hintenanzustellen. Für mich geht es darum, etwas Positives, Kompetentes, Mögliches *zu ergänzen* – respektvoll und ohne das Leid(en) deshalb zu ignorieren oder zu bagatellisieren. Dieser *andere Blick*, der sich in der eigenen Haltung oder Orientierung wiederfindet (HARGENS 1998), ermöglicht es, neben allem Leiden auch darin enthaltene Möglichkeiten und Ressourcen zu entdecken und zu nutzen. *Hägar* macht diese andere Sicht für mich sehr präzise klar:

Und ein weiterer Aspekt drängt sich mir auf, wenn ich die KlientIn als ExpertIn für sich selber und ihr Leben begreife – die *relative Bedeutsamkeit der Sprache*. Therapie wird derzeit definiert als eine bestimmte Art von Konversation, als Sprechkur (selbstverständlich mit Handlungsanteilen). *Hägars* Erfahrungen verweisen darauf, dass Sprache letztlich immer auch eine Art Monolog darstellt, dass auch ein Dialog eine erweiterte Form des Monologs darstellen kann (vgl. ANDERSEN 1990) und dass die SprecherIn eine Idee davon entwickelt, was ihr gut tut. Und das sind nicht immer und unbedingt die sprachlichen Interventionen der Fachleute, sondern oft wohl auch die dadurch ausgelösten eigenen Befindlichkeiten. In diesem Sinne stellt für mich jeder Monolog eine Form des *inneren Dialogs* dar, ein *Gespräch mit den verschiedenen Aspekten der eigenen Person* – und dabei kann manchmal eine andere Person als SprechpartnerIn hilfreich sein: *kann, muss aber nicht* (und dabei spielt das „Verstehen" bzw. „Verstanden-Werden" nicht unbedingt eine herausragende Rolle):

Deshalb denke ich, dass es wichtig sein kann, die eigenen Vorannahmen und Einstellungen immer wieder und immer wieder neu zu überprüfen, da wir auf der Grundlage dieser unserer Vorannahmen eben auch unser Handeln organisieren. In meiner eigenen Praxis benutze ich dazu oft die aus der lösungsorientierten Kurztherapie bekannten Skalenfragen (BERG 1992, WALTER & PELLER 1994), indem ich mir selber – oder meiner KollegIn – eine der folgenden Fragen stelle:

☺ Auf einer Skala von 1 – 10, wo 1 bedeutet: überhaupt nicht, schlecht und wo 10 bedeutet: wunderbar, besser und mehr kann's gar nicht sein: Wie schätze ich im Moment meine eigene Kompetenz ein?

☺ Auf einer Skala von 1 – 10, wo 1 bedeutet: überhaupt nicht, schlecht und wo 10 bedeutet: wunderbar, besser und mehr kann's gar nicht sein: Wie schätze ich im Moment die Kompetenz der KundInnen ein, denen ich gleich begegnen werde?

☺ Auf einer Skala von 1 – 10, wo 1 bedeutet: überhaupt nicht, schlecht und wo 10 bedeutet: wunderbar, besser und mehr kann's gar nicht sein: Wie schätze ich im Moment *meine* Überzeugung ein, dass die KundInnen, denen ich gleich begegnen werde, über Kompetenzen und Ressourcen verfügen?

☺ Auf einer Skala von 1 – 10, wo 1 bedeutet: überhaupt nicht, schlecht und wo 10 bedeutet: wunderbar, besser und mehr kann's gar nicht sein: Wie bin ich davon überzeugt, dass ich eine gute (herausragende) Sitzung vor mir habe?

Uns allen ist diese mentale Vorbereitung sehr vertraut, doch habe ich den Eindruck, dass ich mich gelegentlich zu selten daran ausdrücklich erinnere und bewusst einsetze. *Hägar* ist auch darin ein Meister, seine eigenen Ziele – und darum geht es auch in der Therapie! – zu verfolgen:

Und schon habe ich mich auf die Sitzung eingestimmt, bin offen und neugierig auf das, was mich erwartet und mache mich daran, Anliegen und Aufträge zu klären ...

Ziele? Ziele!

... wie wüssten wir sonst, wo wir hinwollen – *wenn* wir da hinwollen ...

Ziele gelten in der Therapie auch deshalb als wichtig, um entscheiden zu können, wohin „man" will, um festzustellen, ob „man" da ist und ob „man" noch auf dem Weg dorthin ist. In diesem Sinne dienen Ziele dazu, den Weg zu begleiten, den „man" gehen möchte. Dabei sollte nach den bisherigen Ausführungen deutlich geworden sein, dass es sich um die Ziele der KundInnen handelt, die diese in der Zukunft erreichen möchten oder wollen.

Und es sollte deutlich geworden sein, dass über Ziele verhandelt werden kann (und muss?), und dass Ziele, einmal formuliert, sich im Laufe der Zeit durchaus wandeln können. Mir scheint wichtig, darauf hinzuweisen, dass Ziele *benannt* werden – es sich also um *sprachliche* Äußerungen handelt, die Missverständnissen Tür und Tor öffnen, wie *Hägar* aus leidvoller Erfahrung weiß:

Mir erscheint es im therapeutischen Alltag beinahe noch wichtiger, sich aufmerksam den Zielen zuzuwenden, sind doch in der Regel soziale Bewertungen und Etiketten mit Zielen verbunden – und solche Etiketten sind oft auch mit dem Zustand verbunden, in dem KundInnen eine TherapeutIn aufsuchen: Sie erinnern sich daran, im vorigen Kapitel habe ich darauf aufmerksam gemacht. Deshalb plädiere ich für ein sorgsames Aushandeln und Beschreiben von Zielen. Ich befinde mich da in guter Gesellschaft lösungsorientierter KurztherapeutInnen (BERG 1992, WALTER & PELLER 1994, DE JONG & BERG 1998), die ihr Augenmerk darauf legen, Ziele in konkreten und verhaltensbezogenen Begriffen zu erarbeiten, da sie der Ansicht sind, dass es leichter sei, sich an Zielen auszurichten, die ein *Tun* beschreiben.[8] Mir scheint das nicht immer ganz einfach zu sein, zu Handlungsbeschreibungen zu kommen, die eindeutig sind (wenn denn so etwas überhaupt möglich ist)[9]:

---

[8] Ich denke dabei immer an meine eigenen Wochenenden – nach einer arbeitsreichen Woche freue ich mich darauf, mir ein „schönes" Wochenende zu bereiten. Natürlich („natürlich"?) sind am Samstag einige alltägliche Pflichten zu erledigen. Das beginnt mit dem Einkaufen, geht über das Aufräumen bis zur Zubereitung des Mittagessens. Plötzlich ist es schon früher oder später Nachmittag, und ich wundere mich, wo mein schönes Wochenende geblieben ist. Heute denke ich, ich habe mir zu wenig das „Schöne" konkretisiert, es zu wenig in mein Verhalten übersetzt – und so geht es dahin ... (vgl. HARGENS 2000).

[9] DE SHAZER (1996) geht soweit zu sagen, Missverständnis und Nicht-verstehen „konstituiert Gespräche, es macht sie im Grunde erst möglich. Wenn wir uns nämlich einfach (total) verstehen würden, hätten wir nichts mehr zu sagen." (S. 74) Diese Erkenntnis ist wohl auch nicht ganz neu, könnte aber meines Erachtens ein weiteres Missverständnis nach sich ziehen – die Idee nämlich, es wäre möglich, unser Gegenüber tatsächlich zu verstehen. Nach meinem Verständnis ist eine Annäherung an das Verständnis meines Gegenübers möglich, nie ein totales Verständnis. Das weist nach meiner Vorstellung auch auf eine weitere – soziale – Bedeutung von Sprache bzw. Sprechen, nämlich auf die Funktion, ein soziales Miteinander aufrecht zu erhalten und/oder zu bestätigen.

Da nutzt es dann auch oft wenig, an Ressourcen und Kompetenzen zu appellieren, darauf zu verweisen, dass alle das Beste wollen und können und einsetzen. Das könnte der Anfang einer weiteren Verwicklung sein:

Ziele können sich m.E. auf mindestens zwei Arten in der therapeutischen Begegnung nutzen lassen – zum einen in der gemeinsamen Herausarbeitung eines konkreten Zieles (also im Sinne konkreter, verhaltensbezogener, realistischer etc. Angaben), zum anderen in der genaueren Herausarbeitung der Schritte auf das Ziel hin (also im Sinne der nächsten notwendigen und *kleinen* Schritte)[10]. Nur – auch Ziele, selbst wenn sie

---

[10] Ein asiatisches – vermutlich chinesisches Sprichwort – lautet: Auch der längste Weg beginnt mit dem ersten Schritt. Ich füge dem meist hinzu: „Genau, mit dem ersten *klitzekleinen* Schritt!"

noch so präzise bestimmt und wenn die kleinen Schritte noch so genau angegeben werden, *verändern*: das Erreichen hat *Folgen, Konsequenzen (Aus-Wirkungen)* und die gilt es immer auch *mit* abzuwägen. In diesem Sinne verstehe ich systemische Therapie als eine ständige Einladung an *alle* Beteiligten, sich in eine *Perspektive des Beobachtens* zu begeben – andere Perspektiven, andere Positionen erlauben andere Betrachtungs- und Beschreibungsmöglichkeiten. Wer den Wald vor lauter Bäumen nicht sieht, weil er oder sie direkt vor dem ersten dicken Baumstamm steht, engt seine Perspektiven ein – genauer gesagt: der Blick konzentriert sich gleichsam wie unter einer Lupe auf sehr konkret bestimmte Punkte (und nicht auf andere!).[11]

Wir erreichen hier wieder eine für mich zentrale Erkenntnis dieses Modells – es geht nicht um *richtig-falsch*, nicht um *entweder-oder*, sondern es geht um *sowohl-als-auch* unter Berücksichtigung dessen, was gegenwärtig (für den Betroffenen) am meisten Sinn und Nutzen machen könnte. *Hägar* zeigt diese ganz andere Perspektive sehr klar:

---

[11] EFRAN (et al. 1992) beschreibt Probleme als Dilemma zwischen Entscheidungen und damit verbundenen Konsequenzen. Jemand möchte sich trennen, aber die Sicherheit des Zusammenlebens behalten: „Die Menschen wollen weiterhin das haben, was sie ersehnen, hoffen aber, die Kosten irgendwie verringern zu können" (a.a.O., S. 196)

Das führt mich sogleich zu dem gerade erwähnten Aspekt der Folgen bzw. Konsequenzen: auch Lösungen sind nicht einfach Lösungen! Auch Lösungen haben ihren Preis. Im Falle des Rechnungseintreibers dürften diese relativ klar zu bestimmen sein. Bei Lösungen, dem Erreichen von Zielen im therapeutischen Kontext, ist das vermutlich nicht immer so einfach und gradlinig. Deshalb gilt auch hier eine sorgsame Abwägung von Kosten und Nutzen, denn sonst ...

Und manchmal (oder oft?) haben die besten Absichten, die wir unserem Gegenüber angedeihen lassen möchten, unbeabsichtigte und unerwartete Folgen:

Dies verweist auf die Umwege zur Lösung bzw. darauf wie viele Mühen auch darauf verwendet werden können, Leuten das angedeihen zu lassen, was gut für sie sein soll, obwohl sie das (vielleicht) gar nicht wollen. Letztlich wäre dies nichts anderes als die Kompetenz der KundInnen anders zu nutzen. Nur – die Frage muss erlaubt sein: wer entscheidet hier über Ziele?

Für mich stellt dies ein gelungenes Beispiel *strategischer Planung* dar – die Frage bleibt für mich allerdings, von welchen Vorannahmen, welchen Menschenbildern ich dabei ausgehe und welche Auswirkungen (Folgen, Konsequenzen) das hat. Denn das, was Menschen antreibt – das ist zumindest *meine* feste Überzeugung – sind Zukunftsvisionen von dem, was für sie gut ist, was ihnen gut tut, was sie in einem für sie positiven Sinne erreichen können und möchten. Wenn Menschen keine Vorstellung davon haben, dass in der Zukunft irgendetwas besser sein könnte (nicht: gut, sondern: besser) – warum sollten sie sich dann anstrengen, sich und etwas zu verändern? Das ist für mich eine der wichtigen Annahmen eines lösungs- und ressourcenorientierten Vorgehens – mit den Betroffenen an *für sie positiven Zukunftsentwürfen* zu arbeiten, ihnen zu helfen, konkrete Ziele zu entwickeln, die ihr Leben lebenswert**er** machen. Wenn es nicht die Idee einer erfreulicher**en** Zukunft gäbe – was wäre dann Zukunft noch? Helga, *Hägars* Eheweib, weiß dies genauso gut wie wir auch – nur: nutzen wir unser Wissen auch oft genug?

Warum nur – warum?

... helfen Ursachen? Und wobei?

Von EINSTEIN wird der Satz überliefert, nichts sei so praktisch wie eine gute Theorie. Oder war es der Satz, dass die Theorie bestimmt, was wir erkennen (können und werden)? Wie auch immer – das Phänomen ist, denke ich, gut bekannt: wenn uns etwas trifft, was wir loswerden wollen, dann helfen „gute" Erklärungen. *Gute Erklärungen* zeichnen sich für mich vor allem durch zwei Merkmale aus: zum einen geben sie mir eine *mich überzeugende Erklärung*, weshalb es dazu gekommen ist (oft entlasten sie mich von eigener Schuld – das ist dann eine für mich besonders gute Erklärung), zum anderen eröffnen sie mir *Handlungsspielräume. Nichts* scheint schlimmer, als angesichts eines unangenehmen Ereignisses *nichts* tun zu können. Dazu fällt mir dann meistens die Geschichte unseres Kinderarztes ein:

> Unser ältester Sohn, damals noch sehr jung, quengelte ständig, war unruhig – eben eine echte Herausforderung. Die Erklärung, die sich uns Eltern anbot: Zahnen, er bekam Zähne und das, so hatten wir gelernt, sollte solches Verhalten begünstigen. Die Frage war nur – ließ sich da denn gar nichts machen. Schließlich brauchen auch Eltern einmal Ruhe. Der Kinderarzt gab uns ein Mittel: aus einer länglichen, runden Dose mit einem kleinen, verschließbaren Loch an der Oberseite sollten wir – bei Bedarf – acht kleine weiße Kügelchen – im Durchmesser höchstens einen Millimeter – herausholen und unserem Sohn einzeln (!) in den Mund schieben. Das war eine ziemlich fummelige und anstrengende Arbeit, die uns sehr in Anspruch nahm. Es wurde aber dann auch besser.

> Später fragten wir den Arzt nach diesen Pillen, und er erklärte seelenruhig: die Pillen würden beim Kind nichts

bewirken – sie würden allerdings die Eltern beruhigen und, wie er lächelnd hinzufügte, die Eltern könnten etwas tun! Und das würde wirken ...

So kann es gehen, wenn nach Ursachen – „warum?" – gefragt wird. Auch *Hägar* kann davon ein Lied singen, wenn er nach den Gründen unwirtlichen Wetters und möglicher Katastrophen für sich und seine Mannschaft fragt:

Und noch eines habe ich daraus gelernt – die Frage nach Ursachen hat immer einen *Sinn*! Insbesondere *für den, der danach fragt.* Ich mache darauf aufmerksam, dass ich hier vom *Sinn der Frage* und nicht von der – scheinbar gewünschten – Antwort spreche! Das könnte einen Unterschied machen, den ich leicht übergehen könnte. Als Fachmann kennen wir wohl alle die Situation, dass eine KundIn zu uns kommt, ihre Probleme bearbeiten oder sogar lösen möchte und vor allem möchte sie wissen, wieso es so gekommen ist, was die Ursache sei.[12]

Wenn ich annehme, dass eine Frage ihren Sinn für die FragestellerIn hat, dann sollte ich mir immer gut überlegen, ob und wie ich darauf antworte. Nach meinem Verständnis stellen Fragen immer auch eine Möglichkeit der „Selbstheilung"[13] dar (der – wie BATESON (1982, S. 252ff) so treffend sagt – „selbst heilenden Tautologie") – ein Aspekt, den ich manchmal leicht vergesse, doch *Hägar* hat mir auch dies nachdrücklich klar gemacht:

---

[12]   Dies erinnert mich sofort an das, was mir in meiner Erziehung so nachhaltig beigebracht worden ist: alles hat eine Ursache und die Ursache erklärt alles. Und wenn wir die Ursache kennen, können wir sie – und damit auch die Wirkung – verändern. Anders gesagt: wir werden in der Ansicht geschult, dass jede Wirkung sich (lineal) auf eine (oder mehrere) Ursachen zurückführen lässt. Ich wollte dies nur hier anmerken, als Hinweis auf Ursache-Wirkung-Denken, das sich *nicht* auf Abläufe in vernetzten und/oder selbst organisierenden Systemen anwenden lässt. Gregory BATESON hat darüber sehr ausführlich gearbeitet und ich empfehle gerne noch einmal seine Bücher (1981, 1982, 1993).

[13]   Systemische TherapeutInnen bevorzugen eine Haltung der Neugier, des Nicht-Wissens – eine Haltung, die besonders Fragen (fragen) begünstigt. Und systemische TherapeutInnen sind meist auch der Auffassung, dass Fragen Folgen zeigen – Nachdenken, Reflektieren, Assoziieren etc., ganz egal, ob die Fragen auch beantwortet werden oder nicht: der *innere Monolog* (ANDERSEN 1990) lässt sich eben nicht stoppen. Anders gesagt: die Frage ist bedeutsam – die Antwort – die ausgesprochene Antwort – ist nicht immer auch so bedeutsam.

Fragen, die gestellt werden, Fragen, die nach Ursachen und Erklärungen suchen, Fragen, die helfen, Leid und Ungemach ein wenig leichter zu machen – eben dadurch, dass die Fragen dazu beitragen, gute Erklärungen heraus zu arbeiten. Ben FURMAN, ein finnischer Kollege, verweist darauf, dass „Erklärungen einer Lösung im Wege stehen" können (1996, S. 169) und macht deutlich, dass man „niemals den Ansichten der KlientInnen über die Ursache des Problems widersprechen [sollte], weil dies sie normalerweise dazu zwingt, ihre Position zu verteidigen, was sie nur noch stärker auf ihre Position fixiert" (S. 171). Sie erinnern sich jetzt sicher an die Idee vom „Tod des Widerstands" (s. S. 24 und 35).

Mit dieser Idee ist für mich eine weitere verbunden – Erklärungen, denen wir anhängen, belegen wir immer durch unsere Beobachtungen.[14] In diesem Sinne, denke ich, sollte auch im systemischen Therapiealltag der Satz gelten: „Die KundIn hat immer recht" – denn alle Auffassungen, so habe ich im erkenntnistheoretischen Teil ausgeführt – sind gleich gültig, aber nicht immer gleich wünschenswert. Und Tatsachen, auf denen „gute Erklärungen" aufbauen, lassen sich immer finden – es kommt einfach darauf an, wie „man" schaut:

---

[14] Sie kennen sicher den Satz, dass dann, wenn die Tatsachen nicht zur Theorie passen, die Tatsachen verändert werden, nicht aber die Theorie. Ich habe mittlerweile einen „neuen" Satz gelernt: „Wir glauben, was wir sehen – leider sehen wir nur, was wir glauben!" – in einem Aufsatz von STORATH & DILLIG (1998, S. 243), die diese Aussage ATTESLANDER zuschreiben.

Wenn ich „so" über Erklärungen spreche, sollte deutlich werden, dass ich Erklärungen weniger danach beurteile, ob bzw. inwieweit sie „wahr" sind, sondern mehr danach, ob und inwieweit sie *nützlich* sind, *dorthin zu kommen, wo „man" hin möchte.* Deshalb gibt es für mich auch keine „falschen" oder „absurden" Erklärungen – nur weniger oder mehr hilfreiche und nützliche. Gute Erklärungen zeichnen sich nach meinem Verständnis (s.o.) einfach dadurch aus, dass sie für mich überzeugend sind und mir Handlungsmöglichkeiten aufzeigen.

Erklärungen stellen nach meinem Verständnis Beschreibungen dar – sie bilden keine Wahrheiten ab. Das könnte es möglich machen, darüber nachzudenken, welchen Nutzen Fragen wie die folgenden haben könnten:

Welche Erklärung würde Ihnen am meisten helfen, Ihr Problem zu meistern?

Welche Erklärung würde es Ihnen ein wenig leichter machen, Ihr Problem zu lösen?

Oder, um noch einmal Ben FURMAN (a.a.O., S. 168) zu zitieren:

Vor den Zeiten, also bevor es Psychiatrie und Psychologie gab, wie hätte man da diese Art Problem genannt?

Und, wie ich ergänzen möchte:

Vor den Zeiten, also bevor es Psychiatrie und Psychologie gab, wie hätten Sie sich da Ihr Problem erklärt? Und wie Ihre Lösung?

Die sanfte Kunst des Umdeutens

oder: Zuhören ist (auch) sehr wichtig

Die Idee, Psychotherapie als Rede- oder Sprechkur zu bezeichnen, ist allzu bekannt. Das bedeutet für mich, sehr genau und überaus sorgsam mit *Sprache* umzugehen. Sprache hat viele Aspekte, von denen ich hier zwei besonders hervorheben möchte: sprechen *und* zuhören. In der therapeutischen Ausbildung wird meist viel Wert auf „angemessenes Sprechen" gelegt – etwa in Form von Fragen, Wiedergeben der Äußerung der KundInnen in Form von Fragen, Bestätigungen und Klärungen etc. „Angemessenes Zuhören", so mein Eindruck, wird in der Fortbildung scheinbar weniger geübt, vielleicht einfach deshalb, weil es sich „schwerer" üben lässt. In der praktischen Arbeit wird über Sprechen die Beziehung gestaltet[15] – Sprechen ist deshalb weit mehr als Informationsübermittlung. Das ist für mich einer der Gründe, das Zuhören zu üben.

Aus dem Englischen stammt die Bezeichnung *stubborn*[16], die sich m.e. tatsächlich gut für die Art von Zuhören eignet, die sich in einem ressourcenorientierten Vorgehen als hilfreich und nützlich erwiesen hat. Ich übersetze den Begriff für mich – ein wenig abweichend von der wörtlichen Bedeutung – mit *nicht zu schnell verstehen* oder *erst genau zuhören, dann mögliche Implikationen durchdenken und dann nachfragen*, um sich einem gemeinsamen Verstehen anzunähern.[17] *Hägar* zeigt sich als Meister darin, den Bedeutungen von Wörtern und der ganz

---

[15] Sprache wird von allen AutorInnen immer auch als soziale Aktivität beschrieben, als Verhalten, das „mehr" als Informationsübermittlung umfasst.

[16] Im Deutschen wird dieser Begriff mit *störrisch, stur, widerspenstig, begriffsstutzig, hartnäckig* wiedergegeben.

[17] Der aufmerksamen LeserIn wird nicht entgangen sein, dass diese Idee schon lange im Volksmund bewahrt wird. Es sind nämlich drei Schritte und der Volksmund „weiß", dass aller guten Dinge drei sind.

genauen Beantwortung seiner Fragen nachzugehen und so andere, manchmal überraschende Bedeutungen zu ermöglichen:

Die Antwort scheint klar – allerdings nicht für *Hägar*, der sehr genau zwischen sprachlichen und nicht-sprachlichen Botschaften unterscheidet:

Dass eine solche genaue, (str)enge und personenbezogene Auslegung von Botschaften auch der Steigerung des Selbstwertgefühls und der besseren Selbstattribuierung dienen kann, versteht sich dabei fast von alleine.

Dabei gilt es immer zu beachten, dass jeder Mensch in einer Gemeinschaft lebt – und Gemeinschaften haben sich auf bestimmte, für alle verbindliche Bedeutungen *geeinigt*. Das macht es so wichtig, auf den *Kontext* zu achten, den Rahmen, die Bedingungen, die Situation, in der Begriffe benutzt werden. Es macht wohl einen Unterschied, ob ich auf einer Fete freundlich auf die Anwesenden zugehe oder ob ich auf der Einkaufsstraße einer Großstadt auf jeden Vorbeikommenden zugehe und ihn oder sie anspreche. Mit anderen Worten, die Situation bzw. die Perspektive, die ich einnehme, bestimmt was ich sehe und höre – und was „es" bedeutet.

In diesem Sinne käme es darauf an zu bedenken, dass es keinen Begriff als solchen gibt, dass jede Bedeutung an den jeweiligen Kontext gebunden bleibt und dass es von daher große Unterschiede in der Interpretation und Auslegung geben kann. Dies zeigt sich gelegentlich im Alltag, wenn es uns nicht zu gelingen scheint, unser Gegenüber davon zu überzeugen, dass es tatsächlich nur eine einzige Art und Weise gibt, etwa ein Leck zu stopfen. Wie viel schwieriger – schwieriger? nein, komplexer, komplizierter und zu (anregenden?) Missverständnissen anregend – wird es da erst sein, wenn wir uns mit Gesprächen über unsere Befindlichkeiten und den daraus abgeleiteten Folgen befassen. Und genau davon handeln psychotherapeutische Konversationen – *subjektive Erlebnisse zu versprachlichen* und so weitere Beschreibungsmöglichkeiten zu erschließen, die Perspektiven verändern und Handlungsmöglichkeiten erschließen helfen *können*.

Hägar ist ein Meister des genauen Zuhörens und des Aufspürens subjektiven Nutzens von scheinbar ganz anderen Aussagen und Bewertungen:

Das scheint klar – und der schreckliche Wikinger und der bekehrende Mönch scheinen sehr unterschiedlichen Wertvorstellungen anzuhängen – könnte „man" glauben, wenn „man" zu schnell verstehen würde ...

Diese Genauigkeit lässt sich therapeutisch nutzen – und wird therapeutisch genutzt –, wenn es darum geht, Probleme *anders* zu sehen (vgl. Hägar, S. 37f). Von Alex MOLNAR und Barbara LINDQUIST (1997[5]) habe ich gelernt, *Probleme als interaktionelles Phänomen* zu begreifen. Ihnen zufolge gibt es „kein Problem an sich". Sie verstehen ein Problem zunächst einfach als ein Verhalten, das praktiziert wird. Jede Verhaltensweise ist und bleibt nun zunächst ganz einfach das, was sie ist – eine Verhaltensweise. Erst dann, wenn (soziale) Bewertungsprozesse einsetzen und diese Verhaltensweise als „störend, krank oder dysfunktional" erklären, erst dann wird aus einem Verhalten ein Problem. Jede LeserIn, die Kinder hat, kennt dieses Phänomen. An einigen Tagen toben die Kinder herum – kein Problem. An anderen Tagen toben die Kinder genau so herum – es ist nicht zum Aushalten, „man" bewertet das Verhalten als störend.[18]

---

[18] Hier fällt mir wieder die sehr pragmatische Definition eines chronischen Problems von MOLNAR und LINDQUIST ein: „Ein chronisches Problem", so die beiden auf einem Workshop für SchulleiterInnen in Flensburg, „ist eines, über das Sie noch nicht lachen können."

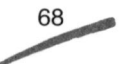

Wozu diese Geschichte? Sie verweist auf den in diesem Buch des Öfteren gegebenen Hinweis, dass die Dinge nicht unbedingt so sind, wie sie sind – sondern sie „sind" so, wie wir sie sehen. Und das bedeutet, dass wir auch *Möglichkeiten* hätten, die Dinge (ganz) anders zu sehen[19]. Diese *Möglichkeit, Dinge anders zu sehen*, bedeutet nichts anderes, als andere Bewertungen und Sichtweisen an Dinge heranzutragen – und das kann durchaus Sinn machen und von Nutzen sein, indem es die Sichtweisen vergrößert, vermehrt, erweitert und so die eigenen Entscheidungsmöglichkeiten vergrößert. Es geht für mich dabei immer nur darum, andere, eher positive Sichtweisen einzuführen – im Sinne einer Ergänzung, eines Hinzufügens und nie im Sinne einer Entwertung oder Abqualifizierung der bisherigen Sichtweise. Das beschreibt für mich genau das, was in diesem therapeutischen Vorgehen als „sanfte Kunst des Umdeutens" (WATZLAWICK et al. 1974, S. 116 ff) benannt wird. Darin erweist sich *Hägar* als wahrer Meister. Das dürfte nicht überraschen, denn wir wissen inzwischen, wie genau *Hägar* zuhört und wie er die vielen Deutungsmöglichkeiten der Sprache erkennt.

---

[19] Es wird inzwischen von Möglichkeiten-Therapie gesprochen, so bei FRIEDMAN (1993) und O'HANLON (et al. 1998), um nur zwei Beispiele zu nennen.

Jeder, der versucht hat, abzunehmen, weiß davon ein Lied zu singen. Ein genaues Zuhören und Aufspüren der Bedeutungsvielfalt eröffnet interessante ergänzende Perspektiven:

Ein weiteres Beispiel:

Dieses Beispiel[20] zeigt noch einmal, was „umdeuten" für mich bedeutet – einen Aspekt *hinzufügen*, der enthalten ist, aber bisher – aus welchen Gründen auch immer – wenig Beachtung gefunden hatte. PaartherapeutInnen könnte das folgende Beispiel vertrauter sein:

Eine interessante Einladung, einen Streit zu beginnen oder fortzuführen – denn wer lässt sich schließlich gerne mit solchen eher negativen Etiketten behängen? Doch wir erinnern uns, dass *Hägar* ein wahrer Meister in der Kunst des Umdeutens ist:

---

20 Dass *Hägar* die „*Diagnose*" als „*Urteil*" etikettiert, will ich nur in dieser Fußnote anmerken.

Ein Wort der *Vor-Sicht* – umdeuten ist nach meiner Ansicht keinesfalls gleichzusetzen mit „positiv denken". Eher das Gegenteil – glaub' ich (um *Hägar* zu zitieren). Dazu eine kleine Geschichte: die von den „vielen Seiten der Münze"[21]. Drehe ich ein Fünf-Mark-Stück (die Idee ist, wie Sie merken, schon etwas älter ...). mit der Zahl nach oben, so bleibt der Adler erhalten, egal, wie sehr ich mich bemühe, ihn nicht zu sehen. Drehe ich die Münze um, so bleibt die – verdeckte – Zahl erhalten, egal, wie sehr ich mich anstrenge, sie zu übersehen. Sie erinnern sich? Diese Art Arbeiten hat mit der Idee des *sowohl-als-auch* zu tun und nicht mit dem *entweder-oder*. Umdeuten verstehe ich daher so, dass eine weitere Seite ergänzend hinzugezogen wird – die KundIn entscheidet dann selber, welche Seite sie oder er betrachten möchte. Denn sonst – „sieh' das doch 'mal positiv!" – könnte es leicht zu Entwertungen und respektlosen Beschreibungen kommen. *Hägar* hat auch diese Gratwanderung gemacht – und es bleibt offen mit welcher Wirkung und mit welchen Konsequenzen:

---

[21] Die Geschichte von den drei Seiten der Münze habe ich von Uwe GRAU (Kiel, jetzt Lindau) und das Beispiel stammt aus einer paartherapeutischen Arbeit mit ihm.

Übrigens, die Geschichte mit der Münze verwende ich auch in Sitzungen, so z.B. als wir mit einem Ehepaar arbeiteten und es zum Streit kam, wer denn nun recht hat. Ich zog mein Portemonnaie aus der Tasche, holte ein Fünf-Mark-Stück heraus, zeigte auf eine Seite, z.B. Zahl, und sagte zum Mann: „Das sind Sie. So sehen Sie das!" Dann drehte ich die Münze um, zeigte auf den Adler und sagte zur Frau: „Das sind Sie. So sehen Sie das!" Beide stimmten – natürlich (?) – zu. Dann drehte ich die Münze auf die Schmalseite, zeigte darauf und fragte: „Und was ist damit?" Beide lächelten verständnisvoll (meine Interpretation) und das Gespräch veränderte sich. In der nächsten Sitzung kam es zu einer ähnlichen Debatte, ich zückte wieder das Portemonnaie – und beide reagierten schon bei meinem Griff an die Hosentasche mit einem abwinkenden Lächeln: „Ich weiß, ich weiß" und das Thema „Wer hat recht?" verschwand.

Zum Abschluss noch einmal *Hägar*, der die ärztliche Diagnose sehr ernst (und sehr wörtlich) nimmt und sie allein dadurch völlig verändert – die Kunst des sanften Umdeutens in höchster Form:

Die Bedeutung der Botschaft bestimmt – ja wer?

Anmerkungen zum „Kontext"

Wenn zwei dasselbe tun, ist das noch lange nicht das gleiche – sagt der Volksmund. Das wissen wir alle – und handeln dennoch manchmal ganz anders. Nämlich so, als wäre jedes Verhalten dasselbe – so als hätte es immer dieselbe *Bedeutung*. Mary Catherine BATESON erzählt eine Geschichte von Warren MCCULLOCH, der darauf hinweist, zu welchen Wirrungen und Irrungen „Mann" kommen kann, wenn „Mann" nicht bedenkt, was „Mann" wo macht:

„Ein Mann begegnet einer Frau, und er fordert sie auf bzw. er bittet sie, sich auszuziehen. Ist es eine Party, dann ist das ziemlich waghalsig; ist es ihr Schlafzimmer, könnte es das Richtige sein; passiert das in einer Straßenbahn, dann ist er pervers. In dem Augenblick, wo der Kontext einbezogen wird, entscheidet sich, wie man mit dem übrigen umgeht. Der Kontext fungiert als Operator in einem ziemlich formalen Sinne. Er spielt eben nicht nur eine Rolle als diffuser Hintergrund." (BATESON 1972, S. 67, übers. J. H.)

Aus der Definition des Kontextes – und die bleibt notwendigerweise abhängig von der definierenden Person – ergibt sich somit der Sinn einer Botschaft. Die Kommunikationstheorie drückt diesen Sachverhalt ein wenig anders, aber nicht minder präzise aus (WALTER & PELLER 1994, S. 167): „Die Bedeutung der Botschaft ist die Antwort, die Sie erhalten." Oder, noch ein wenig anders: Die Bedeutung der Botschaft bestimmt die EmpfängerIn – nicht die SenderIn. Denn die EmpfängerIn bestimmt die Bedeutung letztlich durch den Sinn, den sie der Botschaft im Rahmen des von ihr definierten Kontextes gibt. Ein sehr nachdrückliches Beispiel dafür schildern CECCHIN et al. (1993, S. 54ff) unter der Überschrift „Der Junge, der Kot aß."

Das Theater ist ein weiteres Beispiel für solche *Kontextmarkierungen*: Der Mord, der auf der Bühne geschieht, regt niemanden auf, denn alle wissen, dass er nicht *wirklich* geschieht. *Sven Glückspilz* macht auch deutlich, welche Folgen sich zeigen, wenn diese sinnstiftenden Kontextualisierungen nicht abgefragt werden:

Auch Kontext*unterschiede* lassen sich nutzen, Etiketten und andere Beschreibungen zu formen.[22] Sie erinnern sich an den berühmten Satz von Gregory BATESON: Information ist ein Unterschied, der einen Unterschied macht. Und machen Kontexte Unterschiede, so wirken diese Unterschiede – auf alle, die sie erkennen und betrachten. Und eine solche Wirkung zeigt sich dann in der Bewertung, denn: die Bedeutung der Botschaft bestimmt die EmpfängerIn – nicht die SenderIn:

In der ressourcenorientierten Arbeit lassen sich solche kontextuellen Unterschiede gut nutzen – und sie werden genutzt. Suche und frage ich als Fachmann nach Problemen und deren Ursachen oder nach Ausnahmen und kleinen Fortschritten? Das könnte einen Unterschied machen. Wie gesagt: *könnte!*

Kontexte definieren die Perspektive und lenken somit Aufmerksamkeit, Wahrnehmung und Bewertung. Hägar demonstriert gleich noch ein weiteres wichtiges Prinzip – verstärken und *cheerleading*, also das begleitende Ermuntern und Bestärken durch Gesten, Mimik oder einfache Worte wie „Wow!", „Toll!" „Prima!" usf.[23]

Stellen Sie sich vor, Sie sehen eine Person, die Ihren Arm hebt bzw. mit erhobenem Arm winkt. Was bedeutet das? Eben ... vielerlei. Es hängt sehr davon ab, wo (in welchem Kontext) dies geschieht.

Stehen Sie in New York auf dem Bürgersteig, wird vermutlich eines der gelben Taxis, das frei ist, anhalten. Geschieht dasselbe in einer Schulklasse, dürfte die LehrerIn Sie entweder ermahnen – weil Sie so stürmisch sind – oder Sie drannehmen. Bei einer Versteigerung wird die AuktionarIn kurz in Ihre Richtung zeigen und das Gebot erhöhen.

Sie merken, wie verschieden die Bedeutung einer scheinbar so einfachen Geste sein kann, wenn Sie nur die Situation berücksichtigen – die Absicht der Person, die den Arm hebt und die Interpretation von Ihnen, der Sie diese Geste sehen, bleiben dabei noch außen vor. Anders gesagt – Missverständnisse könnten relativ normal sein und deshalb lautet eine der Botschaften dieses Ansatzes *nicht zu schnell verstehen.* Oder, wie ich es übersetze, lieber dreimal zu viel *nachfragen* als einmal zu wenig.

Diese Unterschiedlichkeiten hat auch *Hägar* in ihren Auswirkungen spüren müssen – trotz offenbar bester Absichten:

---

[23] In unserer Kultur scheint es mit solcher Art der Verstärkung nicht immer ganz einfach zu sein. Werde ich gelobt – und dann noch einfach so bzw. *so* einfach –, dann regt sich oft zuerst meine Skepsis: „Oh, was will er oder sie bloß von mir? Was hat er vor?" Ich erinnere an die Idee des sowohl-als-auch anstelle des entweder-oder: es geht nicht darum entweder Komplimente und Lob oder stillschweigende Hinnahme, sondern es geht für mich einfach um *„mehr"*: sowohl loben (lernen) als auch (lernen) Lob an(zu)nehmen.

So weit – so gut. Das Ehepaar in trauter Eintracht beim Tanzen. Doch da passiert etwas Überraschendes:

Was ist los? Der Kontext, die Bedeutungsgebung hat gewissermaßen „zugeschlagen"

So leicht kann etwas schief gehen – trotz bester Absichten.
Unterschiedliche Wirklichkeiten erzeugen unterschiedliche
Perspektiven und unterschiedliche Bedeutungen. Nicht wahr,
nicht falsch – unterschiedlich oder *anders*.

Noch ein Beispiel aus dem Ehealltag:

Gut gemeint, gut formuliert, gut geschlussfolgert, oder?

Und dennoch schief gegangen, denn die Bedeutung der Botschaft bestimmt nun mal die EmpfängerIn:

Aller guten Dinge sind drei

Einige abschließende Bemerkungen als neuer Anfang

Es ließen sich noch viele Geschichten mit und über *Hägar* erzählen, doch möchte ich mit einer guten Idee des Volksmundes enden: *aller guten Dinge sind drei.* Und drei solcher Dinge – Ideen oder Geschichten – sollen dieses Buch beschließen.

Die Vielfalt der Einheit

Wer bin ich? Was macht mich aus? Was ist das Selbst? Das Individuum? Die Person? Viele Fragen und vermutlich noch mehr Antworten. Ich finde die Ideen interessant, die die Vielfalt der Person, unsere inneren Stimmen, würdigen und respektieren – als etwas ganz Normales (HERMANS et al., 1992, 1993) und ohne dass eine Stimme im Vordergrund steht: eher ein vielfältiger Chor, bei dem jede Stimme einmal lauter und hörbarer werden kann als die anderen. Also ein Chor gleichberechtigter Stimmen, ohne Leiter und Dirigenten – Selbstorganisation gewissermaßen. Damit lässt sich gut arbeiten, denke ich. Und daran lassen sich viele Kompetenzen anknüpfen. Und wenn diese Stimmen miteinander reden, kann ich (wer immer das sein mag…) auch manchmal einfach zuhören – mit der Gewissheit, dass sich immer wieder einmal eine andere Stimme durchsetzt, sich am lautesten zu Gehör meldet und das hat durchaus etwas mit der aktuellen Befindlichkeit[24] zu tun.

Dies sind – natürlich – Glaubensannahmen, keine Wahrheiten. Einige Fachleute haben auch Menschen in diesem Sinne definiert: als unendlich fähig zu glauben, als *Homo credens* (BRUNER 1986, S. 51).

---

[24] Befindlichkeiten verweisen immer auch auf Ziele und Ziele stehen nach meinem Verständnis im Zentrum *professioneller* Beratung und Therapie – sie stellen gleichsam die emotionale Basis des Handels dar (vgl. EFRAN et al. 1992).

Die Koordinierung dieser vielen Stimmen – des inneren Dialogs, wie Tom ANDERSEN es nennt (1990, S. 42ff) – erweist sich dabei manchmal auch als tückisch, andererseits bietet diese Vielfalt immer auch *Möglichkeiten* (des *Anders*seins, vgl. WATZLAWICK 1977):

Darüber hinaus stellen diese Stimmen auch Möglichkeiten dar, Zugang zu den eigenen Ressourcen zu finden und über die Zeit aufrecht zu erhalten. Das geschieht oft, wenn wir im Alltag ein wenig aus dem Trott herausgehen, Tagträumen oder unseren Gedanken nachhängen.

Insofern – und dies entspricht der Haltung systemischer TherapeutInnen – bin ich überzeugt von den Kompetenzen meines Gegenübers, meiner KundInnen, auch wenn diese im Alltag und in der therapeutischen Begegnung selber durchaus nicht gleich diese verborgenen Fähigkeiten benennen können. Doch das macht – für mich – einen großen Teil des Reizes dieser Art Arbeit aus. Systemische TherapeutInnen gehen von einer Haltung des Nicht-Wissens aus. Das ist nicht dasselbe wie Nicht-Können! Nicht-Wissen bedeutet, nicht (besser) zu wissen (als die KundIn), was die KundIn will (vgl. das Kapitel *Ziele? Ziele!*). Und diese Art des Nicht-Wissens, der Unwissenheit macht die Arbeit zu einem aufregenden Abenteuer:

Gute Gründe, dass alles so bleibt, wie es ist

Dass auch Lösungen ihren Preis haben, ist dem Volksmund gut bekannt, denn der Spatz in der Hand ist manchmal besser als die Taube auf dem Dach. Auf mögliche beobachtbare Nebenwirkung von Lösungen habe ich bereits hingewiesen (S. 48f).

Da sich Probleme immer im Miteinander abspielen, also immer zwischen Menschen – ein Glaubenssatz, natürlich! – sollten auch die mit der Idee von Problem/Lösung verbundenen Annahmen und deren Zuschreibungen bedacht werden. KonstruktivistInnen gehen bekanntlich davon aus, dass jede Konstruktion von Wirklichkeit gleich gültig ist – es mithin für jede Konstruktion auch *gute* Gründe geben wird.

Und solche guten Gründe werden oft in einem inneren Dialog (s.o.) erprobt, gegeneinander abgewogen. Und bei solchen Abwägungen könnte wertschätzende Unterstützung eher hilfreich sein, als Antworten oder Bewertungen oder Offenlegen der eigenen Ansichten:

Für mich am überzeugendsten sind die verhaltensmäßigen Folgen, wenn ich mich ändere. Und da gibt es gute Gründe, zurückhaltend zu sein – die sich aus der Perspektive meines Gegenübers leichter erschließen.

Hier kann hilfreich sein, mit den Augen des oder der anderen zu schauen – und das bedeutet für professionelles Handeln, sich in der Begegnung gleichsam selber zu beobachten und zu fragen (und am besten laut, denn Geheimnisse, eigene wie die der KundInnen, könnten die Arbeit erschweren).

Wertschätzen, komplimentieren und so heiter

Dieser Aspekt durchzieht für mich jede professionelle beraterisch-therapeutische Arbeit, denn er verweist auf das ständige Bemühen, anzukoppeln, die Wirklichkeit des anderen – auch in ihrer Unterschiedlichkeit – zu würdigen und im Gespräch zu bleiben.

Nur sollte ich dabei immer bedenken, dass die Bedeutung der Botschaft – also auch der beabsichtigten Wertschätzung – immer die EmpfängerIn bestimmt. Manchmal aber dienen solche Wertschätzungen auch der eigenen Psychohygiene – das könnte etwas sein, was wir Fachleute nicht so sehr gelernt haben, was aber, gerade wenn es Kritik hagelt, nützlich sein kann, um gut für sich zu sorgen und den Zugang zu den eigenen Kompetenzen zu erhalten:

Das hat beinahe auch schon etwas mit dem Anerkennen der guten Gründe *des eigenen Handelns* zu tun – und auch das bewahrt nicht vor Missverständnissen.

Und letztlich, denke ich, sollte dieser Aspekt wichtig sein, weil Menschen (so meine Konstruktion) im sozialen Miteinander auch Anerkennung suchen. Einfach formuliert: *die ständige Vergewisserung, zu lieben und geliebt zu werden.* Und das hat – positive – Auswirkungen:

Ja, bis hierher sind Sie mir gefolgt. Und hatten hoffentlich ein wenig Freude und Vergnügen, oder ein bisschen mehr.

Vielen Dank!

Literatur

ANDERSEN, Tom (ed). Das Reflektierende Team. Dialoge und Dialoge über die Dialoge. Dortmund: verlag modernes lernen, 1990, 1996[4]

BATESON, Gregory. Ökologie des Geistes. Frankfurt/M.: Suhrkamp, 1981

BATESON, Gregory. Geist und Natur. Eine notwendige Einheit. Frankfurt/M.: Suhrkamp, 1982

BATESON, Gregory & BATESON, Mary Catherine. Wo Engel zögern. Unterwegs zu einer Epistemologie des Heiligen. Frankfurt/M.: Suhrkamp, 1993

BATESON, Mary Catherine. Our Own Metaphor. A Personal Account of a Conference on the Effects of Conscious Purpose on Human Adaptation. New York: Knopf, 1972

BERG, Insoo Kim. Familien-Zusammenhalt(en). Ein kurz-therapeutisches und lösungs-orientiertes Arbeitsbuch. Dortmund: verlag modernes lernen, 1992, 2002[7]

BROWNE, Dik. Hägar the Horrible: Save Our Souls. The Original English Version. München: Goldmann, 1987

BRUNER, Jerome S. Actual Minds. Possible Worlds. Cambridge, MA: Harvard University Press, 1986

CECCHIN, Gianfranco, LANE, Gerry & RAY, Wendel A. Respektlosigkeit. Eine Überlebensstrategie für Therapeuten. Heidelberg: Cl.Auer, 1993

DE JONG, Peter & BERG, Insoo Kim. Lösungen (er-)finden. Das Werkstattbuch der lösungsorientierten Kurztherapie. Dortmund: verlag modernes lernen, 1998, 2003[5]

DE SHAZER, Steve. The Death of Resistance. Fam.Proc. 23: 79-83, 1984

DE SHAZER, Steve. „... Worte waren ursprünglich Zauber". Lösungsorientierte Therapie in Theorie und Praxis. Dortmund: verlag modernes lernen, 1996, 1998²

DURRANT, Michael. Auf die Stärken kannst du bauen. Lösungsorientierte Arbeit in Heimen und anderen stationären Settings. Dortmund: verlag modernes lernen, 1996, 2001³

EBERLING, Wolfgang & HARGENS, Jürgen (eds). Einfach kurz und gut. Zur Praxis der lösungsorientierten Kurztherapie. Dortmund: borgmann publishing, 1996

EFRAN, Jay S., LUKENS, Michael D. & LUKENS, Robert J. Sprache, Struktur und Wandel. Bedeutungsrahmen der Psychotherapie. Dortmund: verlag modernes lernen, 1992

FRIEDMAN, Steven (ed). The New Language of Change. Constructive Collaboration in Psychotherapy. New York: Guilford, 1993

FURMAN, Ben & AHOLA, Tapani. Die Kunst, Nackten in die Tasche zu greifen. Systemische Therapie: Vom Problem zur Lösung. Dortmund: borgmann publishing, 1996, 1999²

HARGENS, Jürgen. KundIn, KundigE, KundschafterIn. Gedanken zur Grundlegung eines helfenden Zugangs. Z.system. Ther. 11(1): 14-20, 1993

HARGENS, Jürgen. Lösungen im Fokus und Ressourcen im Geist: Lösungsorientierte (Kurz-) Therapie als experimentelles Setting? In: EBERLING, Wolfgang & VOGT-HILLMANN, Manfred (eds). Kurzgefaßt. Zum Stand der lösungsorientierten Praxis in Europa. Dortmund: borgmann publishing, 1998

HARGENS, Jürgen. Bitte nicht helfen! Es ist auch so schon schwer genug. (K)ein Selbsthilfebuch. Heidelberg: Cl. Auer, 2000

HARGENS, Jürgen. Aller Anfang ist ein Anfang ... Gestaltungsmöglichkeiten hilfreicher systemischer Gespräche. Göttingen: Vandenhoeck & Ruprecht, 2004

HARGENS, Jürgen & EBERLING, Wolfgang (eds). Einfach kurz und gut 2. Zur Praxis der lösungsorientierten Kurztherapie. Dortmund: borgmann publishing, 2000, 2003²

HERMANS, Hubert J.M., KEMPEN, Harry J.G. & VAN LOON, Rens J.P. The Dialogical Self. Beyond Individualism and Rationalism. Am. Psychol. 47(1): 23-33, 1992

HERMANS, Hubert J.M., RIJKS, Trix I. & KEMPEN, Harry J.G. Imaginal Dialogues in the Self: Theory And Method. Journal of Personality 61(2): 207-236, 1993

JONES, Elsa. Systemische Familientherapie. Entwicklungen der Mailänder systemischen Therapie – Ein Lehrbuch. Dortmund: verlag modernes lernen, 1995

KEENEY, Bradford P. Ästhetik des Wandels. Hamburg: ISKO, 1987

LOTH, Wolfgang. Lösungsmittel. Sich Lösen vom Mittel? Z.system.Ther. 16(1): 9-17, 1998

MALONE, Peter. Let a Viking Do It. Hagar And Family Illustrate the Myers-Briggs Type Indicator. Melbourne: Lovell Publishing, 1996

MOLNAR, Alex & LINDQUIST, Barbara. Verhaltensprobleme in der Schule. Lösungsstrategien für die Praxis. Dortmund: borgmann publishing, 1990, 2002⁷

O'HANLON, William H. & BEADLE, Sandy. Das wär' was. Ein Wegweiser für das Möglichkeiten-Land. Dortmund: borgmann publishing, 1998, 2003²

O'HANLON, William H. & HEXUM, Angela L. Milton H. Ericksons gesammelte Fälle. Stuttgart: Klett-Cotta, 1994

STORATH, Roland & DILLIG, Peter. Der Psychologe – ein „Hofnarr" im System? Närrisch-ernsthafte Überlegungen zur Funktion von Psychologie im Bereich der Schul- und Erziehungsberatung. report psychologie 52(3): 240-253, 1998

VON SCHLIPPE, Arist & SCHWEITZER, Jochen. Lehrbuch der systemischen Therapie und Beratung. Göttingen-Zürich: Vandenhoeck & Ruprecht, 1996

WALTER, John L. & PELLER, Jane E. Lösungs-orientierte Kurztherapie. Ein Lehr- und Lernbuch. Dortmund: verlag modernes lernen, 1994, 2002^5

WATZLAWICK, Paul. Die Möglichkeit des Andersseins. Zur Technik der therapeutischen Kommunikation. Bern-Stuttgart-Wien: Huber, 1977

WATZLAWICK, Paul (ed). Die erfundene Wirklichkeit. Wie wissen wir, was wir zu wissen glauben? München-Zürich: Piper, 1981

WATZLAWICK, Paul, WEAKLAND, John & FISCH, Richard. Lösungen. Zur Theorie und Praxis menschlichen Wandels. Bern-Stuttgart-Wien: Huber, 1974

ZEIG, Jeffrey K. (ed) Ericksonian Methods. The Essence of the Story. New York: Bruner/Mazel, 1994

Raum für Notizen:

Raum für Notizen:

Raum für Notizen:

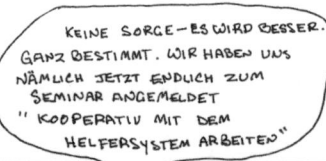

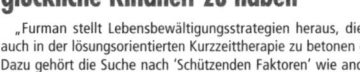

Helmar Dießner
Familien Coaching
Soziales Lernen für Familien

Hier finden Familientherapeuten, Familiencoaches, Therapeuten, Supervisoren, Ausbilder, Elterntrainer, Kursleiter für Elternkurse ein Praxishandbuch vor, das alltagswirksame Hilfen zur Überwindung familiärer Kommunikationsprobleme aufzeigt. Es handelt sich hier um prozess- und lösungsorientierte Übungen für den Familienalltag, deren Aufbau für den Anwender übersichtlich und klar strukturiert ist. Dabei werden Alltagsthemen, aber auch Tabuthemen behandelt. Die Übungen führen zur Auseinandersetzung und zur Konfrontation der Familien- / Gruppenmitglieder mit sich selbst und untereinander. Sie fordern zu notwendigen Entscheidungen, Positionsbestimmungen und zu einer neuen Wahrnehmung heraus, die sich aus dem jeweiligen Inhalt ergibt.

Das Motto ist Ressourcenorientierung, sprich: Hilfe zur Selbsthilfe. Durch die Übungen machen die Teilnehmer praktische Erfahrungen, und erweitern so ihre Kompetenzen. Konkret bedeutet das, dass Alltagsthemen konstruktiv und stressmindernd durchlebt werden können. In einer schnelllebigen Zeit immer größerer Unsicherheiten wird so der Familienverbund „fit" gemacht für ein gelingendes Familien-Zusammenleben.

2009, 256 S., Format 16x23cm, Klappenbroschur,
ISBN 978-3-938187-48-7, Bestell-Nr. 9401, € 19,95

Dieter Krowatschek / Uta Theiling
Geschichten von der Fly
Entspannung für unruhige, unauffällige, übermütige und ängstliche Kinder

Beim Vorlesen der Geschichten entspannen sich die Unruhigen, die Impulsiven, die Ängstlichen und die Unauffälligen in der Altersgruppe von fünf bis zwölf Jahren mit Begeisterung und völlig problemlos. Die CD enthält die passende Musik. Die Entspannungsgeschichten orientieren sich an der Grundstufe des Autogenen Trainings. Sie beruhigen, verbessern das Vorstellungsvermögen, aktivieren Kreativität und Phantasie und versetzen die Kinder in einen Zustand der Entspannung.

2009, 160 S., farbige Abb., Beigabe: Audio-CD,
Format 16x23cm, fester Einband
ISBN 978-3-938187-50-0,
Bestell-Nr. 9400, € 26,80

Psychologische „Werkzeugkästen"

Insoo Kim Berg / Lee Shilts
Einfach KLASSE
WOWWW-Coaching in der Schule

Kinder wollen lernen. Lehrer wollen lehren. Und dennoch treten manchmal Schwierigkeiten auf. Lösungsorientierte Vorgehensweisen – die sich auf Ziele, Kompetenzen, Fähigkeiten, Hoffnungen wie bereits erreichte Erfolge ausrichten – haben sich in solchen „herausfordernden Situationen" sowohl als hilfreich und auch als praktikabel erwiesen.

Die Autoren zeigen auf, wie ein externer Coach Lehrer und Schüler dabei unterstützen kann, sich den von ihnen selber formulierten und angestrebten Zielen in einem noch besseren Lern- und Lehrklima anzunähern. Konkrete Beschreibungen des Vorgehens, eingebunden in Fallvignetten runden diese gelungene, verständliche und praxisnahe Darstellung ab und machen Lust, selber weiter zu üben und Fortschritte aufzuspüren und zu würdigen. Ein wunderbar anregendes und zuversichtliches Buch – einfach und klar geschrieben, überzeugend in der Darstellung und überaus praxisorientiert.

Juni 2008, 128 S., Format DIN A5, Ringbindung,
ISBN 978-3-938187-55-5, Bestell-Nr. 9394, € 19,80

Filip Caby / Andrea Caby
Die kleine Psychotherapeutische Schatzkiste
Tipps und Tricks für kleine und große Probleme vom Kinder- bis zum Erwachsenenalter

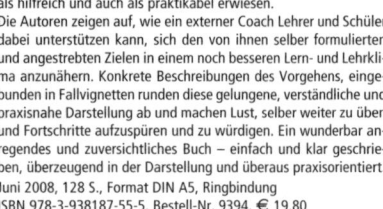

In diesem Praxishandbuch werden im ersten Teil Tipps und Tricks für die Gesprächsführung, spezielle Fragetechniken sowie ungewöhnliche Lösungen für alltägliche und weniger alltägliche psychische Probleme und/oder Verhaltensauffälligkeiten vermittelt.

Im zweiten Teil tragen die Autoren Indikationen für die obigen Interventionen zusammen, so dass therapeutische Entscheidungen sowohl interventionsspezifisch als auch indikationsabhängig getroffen werden können.

2009, 176 S., Format 16x23cm, Ringbindung,
ISBN 978-3-938187-47-0, Bestell-Nr. 9403, € 19,95

BORGMANN MEDIA

verlag modernes lernen · borgmann publishing

Schleefstr. 14 • D-44287 Dortmund • Kostenlose Bestell-Hotline: Tel. 0800 77 22 345 • FAX 0800 77 22 344
Ausführliche Informationen und Bestellen im Internet: www.verlag-modernes-lernen.de